前 言

2015年10月29日，党的十八届五中全会通过了《中共中央关于制定国民经济和社会发展第十三个五年规划的建议》。中国社会科学院多位学者配合国家"十三五"规划的制定，就国家实施"十三五"时期经济社会发展重大问题进行了多项专题研究，包括《"十三五"时期中国经济社会发展主要趋势和思路》《"十三五"及2030年发展目标与战略研究》《"十三五"时期全面建成小康社会的"短板"及对策》《"十三五"时期老龄化形势与对策》《"十三五"时期促进服务业发展改革研究》《步入"十三五"的财税改革》《"十三五"时期劳动力市场转型对策研究》《"十三五"时期工业转型升级的方向与政策》《"十三五"时期国有企业改革重点思路》《"十三五"时期城镇化和区域发展战略研究》《"十三五"时期资源环境发展战略研究》《"十三五"时期收入分配问题及对策研究》《"十三五"时期中国文化发展环境和重大问题研究》。

这些报告是国家级智库深度剖析"十三五"规划、参透中国未来发展大势的精品著作，深入分析了未来五年以及更长时间我国经济社会发展的环境、趋势和问题，提出了未来发展的思路和对策，对于我们理解我国未来五年经济社会发展面对的新形势、新情况、新挑战、新趋势，对于我们思考我国在经济新常态下的发展战略和发展路径选择，对于我们深刻领会党的十八届五中全会的精神和战略部署，都具有重要的参考价值和启发意义。

摘 要

"十二五"期间经济增长放缓，但劳动力市场总体上保持稳定，其主要原因是近年来劳动年龄人口数量的绝对下降。"十二五"规划纲要提出的劳动力市场预期指标可以顺利完成，但是"登记失业率"和"城镇新增就业"作为规划指标不仅难以反映劳动力市场的实际运行情况，也难以体现规划的指导作用。

"十三五"期间需要彻底改革就业规划和劳动力市场监测体系，建立适应劳动力市场新常态、与市场经济相兼容的指标与监测体系。新的规划与监测体系应该放弃报表统计的调查方式，代之以住户和企业抽样调查；以"调查失业率"代替"登记失业率"；以"非农总就业"代替"城镇新增就业"。同时，需要加大信息收集、公布的频率，丰富其他反映劳动力市场动态变化的指标。

"十三五"期间应着力化解劳动力市场面临的潜在风险。劳动力成本的迅速上升，对经济结构转型提出了刻不容缓的要求，并加大了结构性失业发生的风险，对劳动者的素质提出了更高的要求。

应对劳动力市场即将面临的挑战，"十三五"规划应关注以下几个方面内容。第一，通过全面推进户籍制度改革，提高劳动参与率，缓解劳动力短缺和劳动力成本快速上扬造成的压力，为结构调整赢得时间；第二，进一步深化教育体制改革，延长义务教育年限，为产业结构升级奠定人力资源基础；第三，完善劳动力市场制度，努力实现安全性与灵活性的平衡。

目 录

一 "十二五"就业规划落实情况 …………………………… / 001

二 "十二五"以来劳动力市场的主要变化 …………………… / 004

三 建立顺应新常态的劳动力市场规划与调控体系 …………… / 009

四 "十三五"就业发展的重点领域 ……………………………… / 014

五 "十三五"就业发展战略的推进路径 ………………………… / 023

"十三五"时期是我国由中等收入国家向高收入国家迈进的冲刺阶段。以2005年购买力平价计,2014年我国的人均GDP水平超过8400美元。如果在"十二五"后期及"十三五"时期,人均GDP能够保持年均7%的增速,那么2020年以2005年不变价计算的人均GDP将达到13500美元(PPP)。

然而,劳动力市场出现的变化使今后一段时期的发展条件与快速增长时期迥然不同。妥善应对劳动力市场转折所引发的挑战,是"十三五"时期保持经济持续健康发展的重要条件。十八届五中全会《建议》对促进就业创业做出了全面部署。本文在回顾"十二五"时期就业情况的基础上,对"十三五"时期实施更加积极的就业政策、贯彻十八届五中全会精神提出政策建议。

一 "十二五"就业规划落实情况

就业是民生之本,维持稳定的就业形势,是保障民生的首要任务。"十二五"规划纲要要求"实施更加积极的就业政策、加强公共就业服务、构建和谐劳动关系",为此提出了两个预期性指标:城镇登记失业率和城镇新增就业人数,要求城镇登记失业率控制在5%以下,"十二五"期间的新增就业人数4500万,即相当于每年新增就业900万人。

从实际完成情况看,2011~2013年,每年年末的城镇登记失业率均保持在4.1%以下,2014年第三季度的城镇登记失业率为4.07%。截至目前,登记失业率远远低于"十二五"规划所提出的5%的预期目标。虽然国家统计局没有系统公布调查失业率,但根据一些正式发布的信息,调查失业率也处于低位。国家统计局对31个大中城市的住户抽样调查资料显示,调查失业率水平总体稳定,略有下降。从2014年3月至6月,月度调查失业率分别为5.17%、5.15%、5.07%和5.05%。

城镇新增就业指标完成的也很顺利,2011~2013年,城镇新增就业分别为1221万人、1266万人和1310万人。2014年前三个季度,累计新增城镇就业1082万人。因此,截至2014年第三季度,已经累计新增城镇就业4879万人，完成了"十二五"规划提出的要求。总体上看，"十二五"期间，预期性指标完成情况良好，就业形势总体保持稳定。

图1反映了劳动力市场形势与经济增长的变化情况，我们可以看到进入"十二五"时期，求人倍率①基本维持在1以上，劳动力稀缺的特征越来越明显。尤其需要指出的是，劳动力市场形势的基本稳定，是在经济增长率明显下降的情况下发生的，这种情况在改革开放以来还是第一次出现。2012年第二季度以来，各个季度经济增长的速度基本处于8%以下的低位水平，而求人倍率却呈现上升趋势。2014年前三个季度，GDP的增长幅度分别为7.7%、7.4%和7.4%，求人倍率分别为1.11、1.11和1.09。

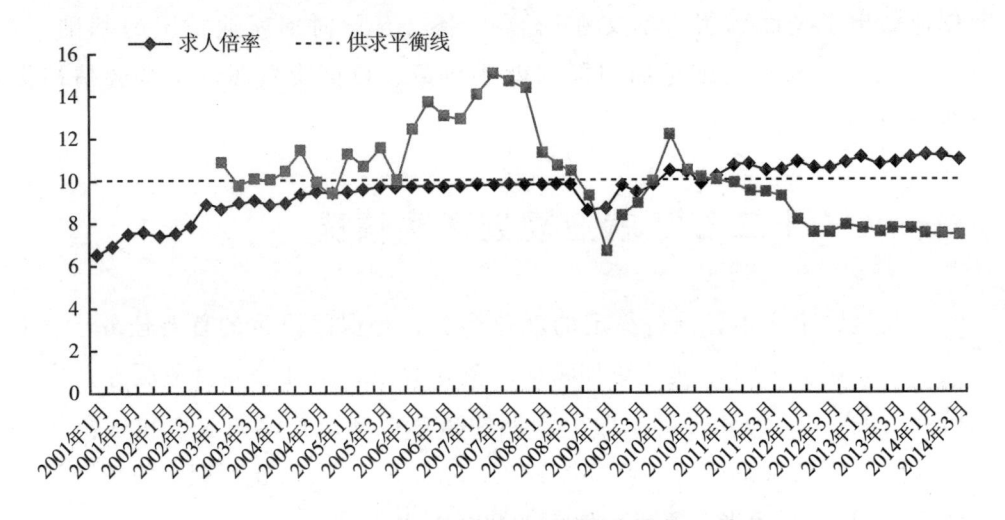

图1 分季度求人倍率与经济增长率变化情况

资料来源：国家统计局网站：www.stats.gov.cn；中国就业网：www.chinajob.gov.cn。

"十二五"期间，外出农民工的数量稳步增加，2011~2013年，外出农民工数量分别为15863万人、16336万人和16610万人。外出农民工数量的逐年增加一方面反映了非农就业市场的稳定形势，另一方面也体现出劳动力市场总体上的根本转变。这种情况也是改革开放以来的其他时期未曾出现过的。

---

① 求人倍率是劳动力市场上岗位空缺的数量与求职者人数的比，它反映劳动力市场上供求关系的对比情况。求人倍率大于1，意味着从总体上看，劳动力市场的岗位数量大于求职的人数。

因此，实际的就业完成情况已经大大超出了"十二五"规划纲要提出的预期目标。不过，在评估劳动力市场形势及政府所应完成的预期目标方面，以下问题更值得关注。

首先，两个预期指标本身并不能恰当、全面地反映劳动力市场形势的变化，因此，指标的实际完成情况难以用来评估就业状况。在考察失业情况时，使用的是登记失业率[①]，其定义与国际通用的失业率定义有较为明显的差别，而且登记失业制度仅覆盖具有城镇户籍的人员，不适用于1.6亿外出农民工，农民工的就业状态及其变化难以得到有效反映。此外，登记失业是以"登记"为基础，往往不能真实地反映实际是否就业。

同时，随着劳动力市场形势的变化以及人口转变进程的加速，以"城镇新增就业"来指导就业问题也缺乏针对性。该指标难以反映劳动力市场上就业数量的净变化，指标的采集依赖于报表系统逐级上报，数据的可靠性堪忧。

其次，即便是以登记失业率和城镇新增就业作为预期指标，具体目标的设置也过于宽松，对就业工作的指导意义不强。例如，在过去30年内，无论就业形势多么严峻，登记失业率从未高于5%，最近十年也一直低于4.3%。显然，以5%的登记失业率作为预期目标，其实际的指导意义有限。

最后，在"十二五"的后期以及"十三五"期间，劳动力市场政策及就业优先战略应该着力面对劳动力市场出现的新变化所带来的挑战，防范可能出现的结构性失业。

以不变价格计算，农民工平均工资水平在2011年和2012年分别增长了15.1%和8.9%，劳动力成本上升的趋势非常明显，劳动密集型行业面临前所未有的挑战，也加大了稳定劳动力市场的压力。

同时，由于经济结构向资本、技术和知识密集型行业的转型尚未实现，加之高校扩张后毕业生人数的逐年增加，大学生就业形势在"十二五"后期将更加严峻。这些结构性的就业问题，难以通过劳动力市场政策的调整得到根本解决，而需要靠经济结构的转型升级和增长方式的转变。因此，在"十二五"后期，加强经济政策与劳动力市场政策的配合非常必要。

---

① 城镇登记失业人数同城镇从业人数与城镇登记失业人数之和的比。而登记失业人员指有非农业户口、在一定的劳动年龄内、有劳动能力、无业而要求就业，并在当地就业服务机构进行求职登记的人员。

二 "十二五"以来劳动力市场的主要变化

"十一五"和"十二五"时期,劳动力市场出现的最明显的变化,就是劳动力短缺的频繁出现以及普通工人工资水平的加速上扬。2001~2006年,农民工平均实际工资的年复合增长率为6.7%;而2007~2012年增长到12.7%。同时,非农劳动力市场上对农业劳动力逐渐增加的需求,不仅从数量上导致劳动力短缺的出现,也在价格上推动了不同行业和地区的工资趋同。根据国家发改委"农产品成本监测"资料,我们以农业中三种主要粮食作物稻谷、小麦、玉米的平均雇工工价反映农业劳动力投入的平均成本,以国家统计局"农民工监测调查"提供的农民工工资信息反映非农劳动力市场上的工资水平,可以发现二者呈现明显的趋同。2001年,农民工平均日工资水平高出农业中雇工日工资35.8%,到2003年二者的差距达到峰值42.5%,随后,二者开始趋同。2013年,农民工平均日工资水平仅比农业雇工日工资高出4.5%。

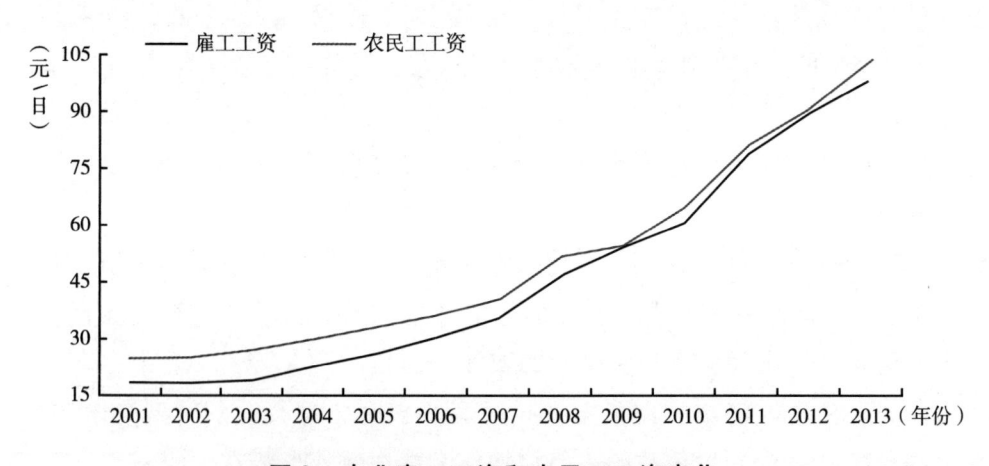

图2 农业雇工工资和农民工工资变化

资料来源:笔者根据相关统计资料计算。

普通工人的工资上涨,对于以劳动密集型行业为主的经济影响明显。一旦劳动力成本的上升速度快于劳动生产率的增长速度,则意味着劳动力密集型行业的比较优势的削弱,在这种情况下,经济结构的转换与升级的压力将大大增加,转变经济增长方式刻不容缓。

图 3 展示了近年来我国制造业单位劳动力成本（即人均劳动力成本与劳均产出之比）的变化情况以及与一些主要的制造业大国的比较。图 3（a）显示，"十一五"时期制造业的劳动生产率与劳动力成本总体保持同步增长，但在"十二五"时期，劳动力成本的增长速度明显快于劳动生产率的涨幅，导致单位劳动力成本的明显上升。图 3（b）显示了主要制造业国家的单位劳动力成本与美国的比较（以美国为 100，而且美国的单位劳动力成本水平在近年来基本保持稳定）。可以看出，日本和韩国的制造业单位劳动力成本在近年来处于下降的趋势，而中国自 2004 年跨越刘易斯转折点后，其单

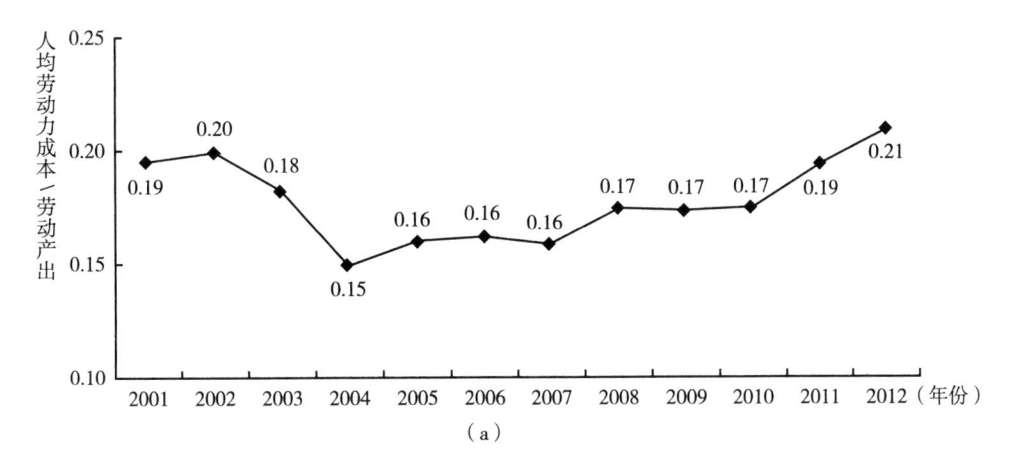

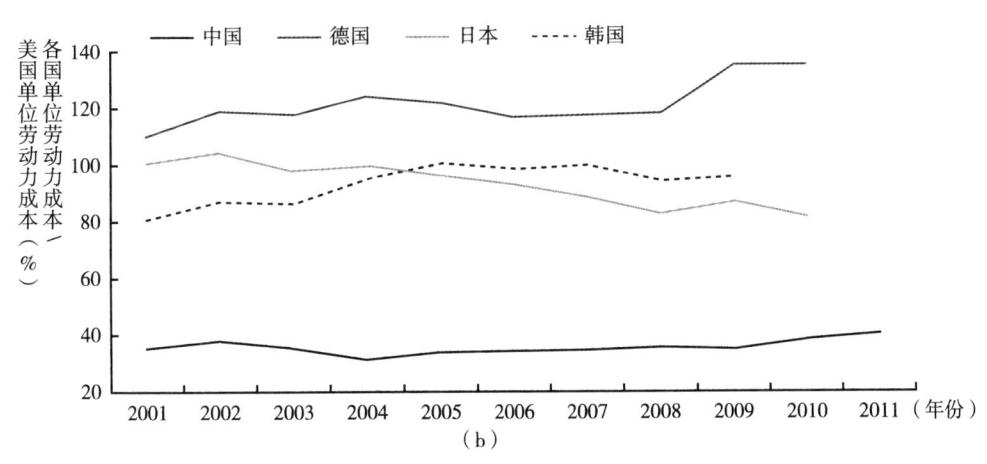

图 3　制造业单位劳动力成本及国际比较

资料来源：笔者根据相关统计资料计算。

位劳动力成本相对比重则由2004年的31%逐渐上升到2011年的40%。中国如果不加快劳动密集型行业的转型升级，一方面，劳动力绝对成本会高于其他中等收入国家；另一方面，系统的创新能力与创新机制尚未形成，无法站在制造业微笑曲线的两端，很容易形成比较优势的真空，并影响经济增长。

在"十三五"时期，是否能够稳妥应对单位劳动力成本上升对劳动力市场和经济发展带来的挑战，将是关乎我国是否能够顺利从中等收入国家迈向高收入国家的关键问题。

第一，在推动我国劳动力市场已经出现的变化的因素中，人口因素发挥了基础性的作用。由于人口结构的变化具有稳定性，其变化趋势也容易掌握，我们可以预期，在"十三五"期间人口结构变化将持续发生作用，并导致劳动力供给偏紧的形势延续。

图4描绘了21世纪头50年我国劳动年龄人口的可能变化情况。从2012年开始，我国劳动力年龄人口的总量开始呈下降趋势，2013年16~59岁的劳动年龄人口较前一年下降了244万，2014年又下降了371万。由于人口因素是短期内不可改变的稳定因素，我们可以明确地看到，劳动年龄人口总量减少的趋势仍将维持。根据人口预测数据，2015年16~59岁的劳动年龄人口仍会较2014年下降275万。如果以劳动年龄人口中劳动参与率较高的20~59岁年龄组来观察，有效劳动供给减少的趋势将更为明显。"十二五"时期是我国劳动力人口变化最迅速的时期，由以前每年超过1000万人的增幅，迅速下降到非常低的水平，而该年龄组在2015年将比2014年减少99万人，而2014年该组别的人口较前一年减少了65万人。"十三五"时期的大部分年份中20~59岁的劳动力年龄人口处于零增长或略有下降，其中，新进入劳动力市场的年轻劳动力的数量将呈减少的趋势。

根据我们的测算，最近五年非农部门的平均就业弹性为0.27（即非农部门的GDP每增长1个百分点，就业增加0.27个百分点），且波动很小。以此为依据，如果经济增长速度保持在7%，可以产生潜在的就业岗位在950万左右。可以预期，在就业弹性保持稳定的情况下，由于劳动力供给格局总体偏紧，目前出现的工资上涨和劳动力短缺的局面在"十三五"期间仍将延续。

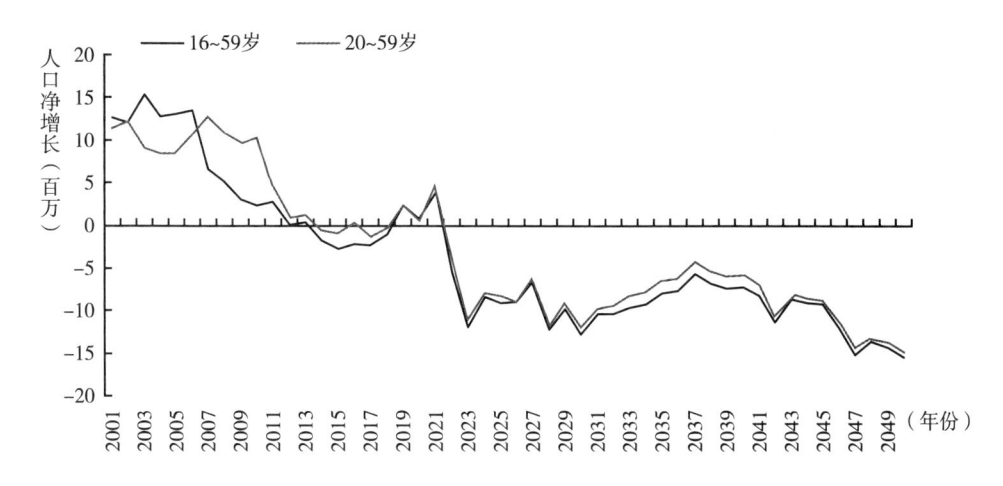

图4　2001~2050年劳动年龄人口的变化

资料来源：笔者根据相关统计资料计算。

第二，在"十三五"时期经济政策和劳动力市场政策要注意防范可能加大的结构性失业的风险。从世界范围看，劳动力市场出现的结构性变化并不鲜见。从20世纪80年代开始，美国等发达国家劳动力成本的上升导致其资本和劳动相对关系发生变化，并由此诱发了技术偏向型的技术变迁。而这种技术变化使得劳动力市场对高技能者的需求不断增加，低技能的普通岗位则增长缓慢。这时，就不难看到接受过大学教育的劳动者在劳动力市场上更受欢迎：他们的失业率较低，而且有着更高的工资水平和更快的工资增长。同时，接受更高教育的劳动者由于其人力资本投资获得了更高的回报，形成了对个人人力资本投资的激励。

而由人口因素推动的劳动力市场变化所产生的效应则有很大的不同。目前，劳动力市场上普通工人工资的迅速上涨，增加了教育的机会成本。我们的研究已经发现，在贫困的农村地区，义务教育辍学率呈上升趋势。显然，如果不及时进行政策干预，在经济结构出现明显变化之后，我们将面临技能型人才供给不足的局面。换言之，如果不充分考虑目前强劲的劳动力市场所隐含的风险而未雨绸缪，"十三五"时期结构性失业的风险将会增大。

第三，国际经验表明，从中等收入阶段成功跃入高收入国家的经济体（如日本、韩国、新加坡和中国台湾）与陷入"中等收入陷阱"的国家（如部分拉美国家和南亚国家）的本质区别在于，东亚经济体在中等收入阶段的后期更多地依靠全要素生产率推动经济增长，而陷入中等收入陷阱的国家则只依赖生产要素投入。

在改革开放的前20余年，由于农业中存在大量剩余劳动力，其边际劳动生产率低下，通过促进农业剩余劳动力向生产率更高的部门转移和流动，就会提高劳动生产率并促进经济增长。我们发现，由于"十一五"和"十二五"时期劳动力市场出现的转折性变化，农业剩余劳动力逐渐枯竭，农业部门和非农部门的工资（边际劳动生产率）趋同，通过劳动力再配置提升全要素生产率、推动经济增长越来越困难。如表1所示，在"十五"期间，劳动力再配置对经济增长的平均贡献率为13.1%，到"十一五"期间下降到3.4%，"十二五"期间进一步下降到2.2%。随着劳动力市场变化的加剧，在"十三五"时期通过劳动力再配置获取的TFP将更加艰难，经济增长将越来越依赖于提高已经转移的劳动力在新岗位上的生产效率。

表1　劳动力再配置对经济增长的贡献

单位：%

年份	经济增长率	再配置贡献	再配置贡献占增长比重
2001	8.3	1.13	13.6
2002	9.1	1.64	18.0
2003	10.0	1.53	15.3
2004	10.1	0.95	9.4
2005	11.3	1.06	9.4
2006	12.7	0.84	6.6
2007	14.2	0.52	3.6
2008	9.6	0.35	3.7
2009	9.2	0.05	0.6
2010	10.4	0.27	2.6
2011	9.2	0.11	1.2
2012	7.7	0.09	1.2
2013	7.7	0.31	4.0

资料来源：笔者根据相关数据计算。

第四，随着劳动力市场供求关系的转化，我国逐渐进入劳动力市场矛盾多发期，在"十三五"期间维持和谐劳动力市场的任务更加艰巨。伴随着劳动力短缺和工资水平的不断上涨,劳动者在劳动力市场上的谈判力量日益增强,对工资水平和工作条件的预期也逐步提高,劳动力市场也随之进入矛盾多发期。"十二五"期间,劳动争议的数量明显提高,可以预期,"十三五"时期维持和谐的劳动力市场将面临更加紧迫的形势。

三 建立顺应新常态的劳动力市场规划与调控体系

伴随着经济发展进入新的发展阶段,劳动力市场也进入新常态。劳动力市场新常态的突出特点就是在劳动力总体供求关系上告别了劳动无限供给的时代,新古典机制在就业决定和劳动力资源配置中将发挥越来越明显的作用。为了顺应劳动力市场出现的转折性变化,在制定和落实"十三五"规划时,需要改革目前的劳动力市场监测与调控体系。这就需要对计划经济时期形成的就业统计与监测体系以及就业调控目标进行彻底的改革,同时,建立起与新古典特征相适应的指标监测与调控体系。

(一) 实现规划与市场经济的兼容

在"十三五"规划中,改革规划目标,放弃从计划经济时期一直沿用至今的规划指标,代之以在市场经济国家广泛使用的就业调控与检测体系和指标。如前所述,在五年规划和年度计划中,"新增就业"和"登记失业率"一直是主要调控目标。这两个指标已经严重脱离了市场经济体系的实际需要,不能真实反映社会经济发展和劳动力市场运行的情况。相形之下,发达的市场经济国家在长期的经济发展过程中,已经摸索出一整套监测和调控劳动力市场的方法和指标体系,我们在今后的规划工作中应该积极予以吸收和借鉴。

目前的劳动力市场与就业规划除了指标的设计不合理外,指标统计和采集的方法也缺乏科学性,难以适应经济发展和瞬息万变的劳动力市场所产生的信息需求,以此作为调控与治理基础,必然会产生不必要的信息失真或信号扭曲。具体来说,劳动力市场指标和信息统计、采集,应该以科学的抽样调查为基础,而不宜沿用计划经济时期采用的报表系统。

（二）加强就业规划与其他宏观经济指标的关联

就业规划不仅要监测和调控劳动力市场，更要注重就业与其他劳动力市场指标以及宏观经济运行指标的关联。因此，除了就业总量和失业率外，我们还需要掌握工作时间、失业时间、失业与就业转换、企业雇佣与解聘等一系列信息，只有这样才能进一步分析劳动力市场与宏观经济运行态势之间的相互关系，找准调控的目标和方向。

同时，劳动力市场指标作为宏观调控体系的重要组成部分，应该缩短信息采集的周期，加大信息发布的频率，更及时地反映劳动力市场与宏观经济运行发生的变化。目前，经济增长、投资、价格水平等主要宏观经济指标已经实现了季度乃至月度的采集与公布，而劳动力市场指标采集周期则相对较长。在"十三五"期间应该努力改变这一状况。

（三）借鉴国际经验建立符合劳动力市场运行的监测体系

积极借鉴市场经济先行国家的经验，努力在"十三五"期间建立起与新常态相适应的就业和劳动力市场监测与调控体系。该体系需要以抽样调查为基础，以就业与失业监测为核心，全面及时地反映劳动力市场的动态变化。

失业

基于科学的抽样方案的住户调查是获取调查失业率信息的基础。绝大多数市场经济国家以调查失业率作为劳动力市场监测和宏观经济运行的基础性指标。国家统计局已经持续开展了多年的劳动力市场调查，近年来还在31个大中城市开展了月度失业率调查。应该说，以调查失业率作为就业规划和监测的基础条件已经成熟。通过扩大调查范围、完善调查制度、优化抽样方案、加强质量控制、提高调查频率，目前的失业监测体系完全有能力达到发达市场经济国家的监测水平。

需要指出的是，虽然失业率是反映劳动力市场动态最重要的指标，但仅仅以失业状况来考察劳动力市场的活跃程度是不够的。通过以下几个指标，我们可以更全面地了解劳动力市场上失业以及潜在失业的状况与性质。

关于失业，我们不仅需要掌握失业数量的多少（失业率），还需要了解失业的性质如何，尤其是失业了多长时间。一般来说，在劳动力市场萧条的时期，长期失业会增加。因此，一旦长期失业率显著提升，就意味着经济结构性转换所导致的结构性失业在提高。治理失业的政策手段也应该以此为目标。

劳动参与率也是一个非常重要的补充性指标，是指包括失业和就业的经济活动人口占劳动年龄人口的比重。换言之，劳动参与率反映了有多少劳动年龄人口退出了劳动力市场。"十三五"期间，我国的劳动年龄人口将持续减少，提高劳动参与率就显得尤其重要。

兼职率反映了潜在失业的程度。因为，因经济原因的兼职，反映就业不充分，该比例的上升，意味着未来失业率存在上升的潜在风险。

就业

就业监测最主要观察经济中就业岗位的变化。需要指出的是，目前规划中使用的"城镇新增就业"，只统计了增加的岗位，而没有考虑损失的岗位，其实并不能反映劳动力市场上就业岗位的动态变化。建议在"十三五"期间，通过建立覆盖城乡的住户调查体系，以科学的抽样方法，有效监测包括广大农民工在内的就业群体，以全面真实地反映就业总量的变化。

除了就业总量关系以外，我们还需要知道就业岗位变化的构成。因此，需要在就业指标里观察企业部门和公共部门就业的变化情况。同时，对于发展中国家而言，非正规就业往往在就业中占较大比重。非正规就业比重的变化也是劳动力市场和经济运行状况的重要反映。一般而言，当经济增长放缓、劳动力需求开始减少时，非正规就业的比重会开始上升，当经济扩张、企业雇佣需求增加时，非正规就业的比重会趋于下降。

工作时间

通过观察劳动者工作时间的变化，不仅可以更准确地度量劳动力投入的程度，也可以更细致地观察劳动力市场就业变化的方向。一般而言，由于劳动力市场规制的存在，就业需求的减少并不一定通过岗位减少来反映，雇主可能首先缩减劳动时间，来应对需求的下降。因此，劳动时间的变化可以成为就业需求监测以及宏观景气变化的先行指标。

同时，区分生产型部门和其他经济部门也是必要的，前者可能对经济的周期性波动有更直接的反应，因此，也有利于政策制定者提前预判劳动力市场的变化方向。

劳动力供求

作为反映劳动力市场供求变化的先行指标，以求职者人数和招聘岗位数的比率计算的求人倍率，已经得到使用。在"十三五"期间，需要进一步优化该指标的信息采集体系，加强既有数据的开发利用，提高数据发布的频率。具体来说，对目前的人力资源和社会保障部收集并公布求人倍率数据可以在以下几个方面加以改进。

首先，需要进一步拓宽数据的采集渠道。目前，职业供求数据主要来源于政府举办的职业中介机构，考虑到就业中介的市场化程度越来越靠，新型媒体也在就业中介中发挥越来越重要的作用，在"十三五"期间，可以扩大就业供求信息的收集范围，以更全面地反映劳动力市场供求的实际状况。

其次，就业供求变动是判断就业/失业状况的先行指标，因此，有必要加大采集与公布的频率。目前，人力资源和社会保障部门每季度公布一次劳动力市场供求信息。在条件成熟的情况下，可以提高到月度公布。

最后，利用就业中介提供的就业供求信息的一个缺陷是样本具有较强的选择性，即只有在职业介绍机构登记的个人和岗位信息，才被统计，因此，有必要辅之以企业和个人调查信息，完善该指标。

雇佣与解雇

通过雇佣与解雇的信息可以直接地观察不同周期之间劳动力市场的岗位变化，尤其是有多少劳动者由失业状态转化为就业状态，以及在最近的观察周期内失去岗位的人占就业的比重。同时，我们也需要掌握失去岗位是因为主动离职，还是因为被动解雇。

企业用工计划

企业用工计划是反映未来劳动力市场变化的前瞻性指标，对于失业预警和宏观经济调控的相机决策具有重要的参考价值。由于该指标具有及时性、短期性，因此，需要以较快的频率获取数据，并及时公布。目前，国家统计局的企业景气调查已经具备收集该类信息的基础。

（四）统计信息的开发利用

建立符合劳动力市场新常态的规划与监测体系，需要整合现有统计资源，通过对现有的统计体系全面改革，加强顶层设计来实现。

首先，需要加强部门间的合作，避免信息收集渠道的碎片化。目前，统计体系已经有能力收集如表2所示的有关统计信息。但对于就业与劳动力市场统计的规划和监测，尚缺乏系统性，需要通过全面改革，对现有资源进行整合。甚至是在统计体系内部，不同的专项调查也需要相互协作。

其次，要加强就业规划的顶层设计，使就业和劳动力市场信息系统地开发利用，不仅服务于就业和劳动力市场的规划设计，也要加强对就业、失业以及其他劳动力市场指标与宏观经济相互关系的分析。

最后，要避免过去信息封锁、封闭使用的局面，加强信息的开发、开放与利用，及时向社会公布加总信息，向相关决策机构、国家级智库开放微观数据，以利于提高决策的科学性和时效性。

表2 就业规划与监测体系

项目	指标名称	单位	定义	数据来源
失业				
	调查失业率	%	失业者占劳动力的比重	住户调查
	劳动参与率	%	经济活动人口占劳动年龄人口比重	住户调查
	兼职率	%	兼职者占劳动年龄人口的比重	住户调查
	失业时间	月	连续失业的时间	住户调查
就业				
	企业就业总就业	%	在企业部门就业的人数占劳动年龄人口比重	住户调查
	公共部门就业总就业	%	在公共部门就业的人数占劳动年龄人口比重	住户调查
	非正规比率	%	在非正规就业者占全部就业的比例	住户调查
工作时间				
	生产部门周工作小时	小时	生产部门就业人员平均每周工作的小时数	住户调查
	全部从业人员周工作小时	小时	全部就业人员平均每周工作的小时数	住户调查
工资				
	平均每小时劳动报酬	元/小时	全部就业人员平均每小时获得的劳动报酬	住户调查
	生产部门劳动报酬	元/小时	生产部门的就业人员平均每小时获得的劳动报酬	住户调查

续表

项目	指标名称	单位	定义	数据来源
供求				
	求人倍率	指数	求职者人数和招聘岗位数的比率	市场中介调查
雇用与解雇				
	雇用率	%	招聘人数占总就业的比重	住户调查
	失业-就业转换比率	%	失业后再就业人数占全部失业者的比重	住户调查
	五周内失业比例	%	五周内失去工作的人数占就业的比重	住户调查
	离职率	%	五周内离职者占就业的比重	住户调查
企业用工计划				
	企业雇用计划	%	有新雇佣计划的企业占全部企业的比重	企业调查

四 "十三五"就业发展的重点领域

"十三五"时期是经济发展进入新常态的关键阶段。就业发展应该关注以下几个重点领域。第一，通过全面深化户籍制度改革，进一步提高劳动参与率，为经济结构调整和转变经济增长方式赢得时间；第二，要积极应对结构调整所提出的挑战，做出相应的规划和政策调整；第三，进一步加强人力资本积累，迎接中国经济的新一轮变革；第四，抓紧时机，完善中国的劳动力市场制度。

（一）努力提高劳动参与率

在劳动年龄人口数量开始下降的背景下，通过对劳动力市场相关的制度改革来提高劳动参与率，是延续中国经济竞争优势的重要手段。实际上，劳动参与率的变化已经成为决定中国劳动供给的主要因素。

根据2010年中国第六次人口普查数据的1%样本，如果仅仅考虑非农劳动参与率，16岁以上劳动年龄人口为56.3%，其中，16~64岁的劳动年龄人口的非农劳动参与率为65.0%。我们看到，近年来劳动力短缺所引发的普通劳动力工资上涨，对非农劳动参与率的提升起到了推动作用，与2005年相比，16~64岁的劳动年龄人口的非农劳动参与率提升了2.74个百分点。

2005年16~64岁的劳动年龄人口总量为9.17亿人,也就是说,即便没有劳动年龄人口总量的增加,通过劳动参与率的提高就会使劳动供给在这五年里有所增加。而从人口统计的数据看,2005~2010年,16~64岁的劳动年龄人口数量增加了4491万人。

如果我们把劳动参与(经济活动)人口的数量看作中国非农劳动供给总量的话,我们可以根据上述参数的变化,将2005~2010年劳动供给变化(LS)按照来源进行分解,即劳动参与率(LFP)的提高以及劳动年龄(WP)人口数量的变化。

$$\Delta LS = LS_{2010} - LS_{2005} = LFP_{2010} \times WP_{2010} - LFP_{2005} \times WP_{2005}$$
$$= (LFP_{2005} + \Delta LFP) \times (WP_{2005} + \Delta WP) - LFP_{2005} \times WP_{2005} \quad (1)$$
$$= \Delta WP \times LFP_{2005} + \Delta L \times WP_{2010}$$

(1)式对非农劳动供给来源进行了简单的分解,其中的第一项是劳动参与率保持不变的情况下,劳动年龄人口数量的变化所引起的劳动供给变化;第二项是劳动参与率变化所引起的劳动供给变化。按照2005年抽样调查资料和2006年人口普查资料推算,2005~2010年非农劳动供给增加了5431万人,其中2794万人(占48.5%)来自劳动年龄人口数量的增加,2637万人(占51.5%)来自劳动参与率的提升。这一观察对于未来的劳动力市场形势变化具有重要的政策含义:从2012年开始,中国16~59岁年龄组的人口数量已经开始下降,这意味着,在经济结构转型尚未实现的情况下,保持劳动力供给的优势应该主要着眼于劳动参与率的提升。

我们发现在包含农业的劳动参与率中,按地区划分:西部地区的劳动参与率高于东部地区和中部地区;但是,如果将农业排除在外,非农劳动参与率最高的地区是东部,其次是中部和西部。16~64岁劳动年龄人口中(不含农业),东部地区的劳动参与率是69.8%、中部地区的劳动参与率是59.5%、西部地区的劳动参与率是60.9%。非农经济活动集中于东部地区的趋势仍然明显。

城镇地区是非农活动集中区域。如果我们将总样本划分为城市、镇和乡村,就很容易发现非农劳动参与率从高到低分别是:城市、镇和乡村,如表3所示。进一步观察东、中、西部地区不同类型区域(城市、镇、乡村)的劳动参与率,结果与总体情况很类似。分区域看,东部城镇地区的劳动参与率高于西部地区的劳动参与率，中部地区的城镇劳动参与率最低；如果不考虑务农的情况，东部地区的农村劳动参与率也高于中西部地区。这个结果反映了不同地区的经济活跃程度存在差异。

表3 非农劳动参与率及地区分布

单位：%

	16~64岁样本				16岁以上样本			
	全国	东部	中部	西部	全国	东部	中部	西部
全国	65.0	69.8	59.5	60.9	56.3	61.7	51.1	51.0
城市	67.2	70.5	61.1	64.6	61.1	64.4	55.3	58.2
镇	65.7	70.3	61.7	63.2	58.7	63.1	55.0	56.1
乡村	60.5	67.8	55.7	53.9	47.5	55.2	43.9	39.7

资料来源：笔者根据2010年人口普查资料计算。

（二）促进就业结构的转型与升级

如果说中国在改革开放以后三十余年的发展实现了工业化，基本完成了就业结构从农业为主向非农业为主的转变，那么，在"十三五"时期，非农产业内部的结构细分和产业升级将进入关键时期，并推动中国经济的进一步发展。

根据对不同经济体在不同的发展阶段就业结构变化的经验观察，在经济发展的初级阶段，伴随着就业向工业部门的集中，经济结构的专业化程度逐步提高，但到了中等收入阶段后期，经济结构又重新开始出现多元化趋势，并对经济增长方式和人力资本水平提出了更高要求。

我们以2005年"1%人口抽样调查调查"和2010年"第六次人口普查"的长表资料为基础，观察中国就业结构在劳动力市场经历迅速变化的时期就业结构的变动情况。我们将按两位码的行业分类和按两位码的职业分类的岗位矩阵，得到反映中国非农行业岗位情况的4000多种岗位，把岗位按工资十等分，观察从低端到高端岗位在5年中的变化情况。如图5（a）所示，从2005年到2010年，在最低端的岗位就业的人数减少了600万，而中高端岗位就业的人数均有增加。这意味着中国的就业结构在五年中有较为明显的升级。

为了进一步观察经济结构和就业结构是否呈现出多元化的趋势，我们计算了每个等分内各个岗位就业数量的基尼系数，基尼系数的值越大意味着就业结构的专业化程度越高，反之，基尼系数越小，则就业结构多元化趋势越明显，结果如图 5（b）所示。该图有两个特点值得关注。首先，2005~2010年从高端到低端岗位，就业的集中度都有所下降，这也符合中等收入后期的结构变化特点，即就业结构开始向多元化方向发展。其次，高端的岗位多元化趋势也越明显，而就业增加最明显的中等岗位也呈现出较明显的多元化。

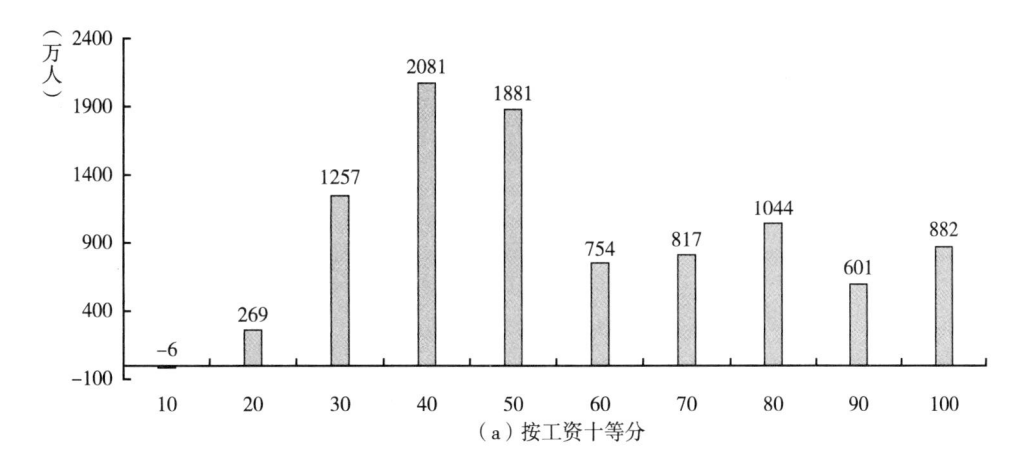

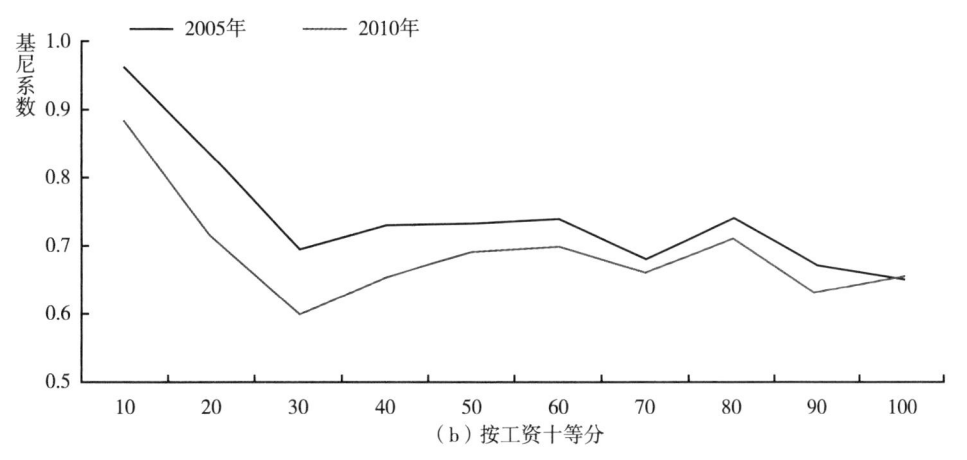

图 5　2005~2010 年就业结构的变化

资料来源：笔者根据相关资料计算。

在"十三五"期间，经济结构和就业结构的多元化趋势将进一步加速，并将成为推动经济发展的力量。要促进经济结构向多元化方向转变，必须充分发挥市场在资源配置中的决定作用。首先,要继续全面深化生产要素市场的改革,通过更加健康、有效、充分竞争的资本市场、劳动力市场和土地市场,为生产要素更合理的配置提供及时、正确的价格信号。其次,要推动和完善企业微观机制的改革,让不同所有制的企业都能成为微观经济的主体,对要素市场的价格信号做出积极的反应。最后,要造就一批训练有素的劳动者,增加人力资本存量、提高人力资本质量,从而使劳动者能够适应经济结构转变的需要。

(三) 加大并优化人力资本投资

"十三五"期间的经济发展在中华民族伟大复兴的道路上具有里程碑的意义。虽然决定经济绩效的因素非常复杂,但对成功的跨越者与陷入中等收入陷阱国家的比较可发现,在中等收入阶段有效地积累人力资本,并通过人力资本的提升促进全要素生产率的增长,进而推动经济增长,是其中非常重要的环节。

在过去三十多年时间里,中国的人力资本积累是卓有成效的。快速、全面地普及九年义务教育为中国的工业化进程积累了大量合格的产业工人,已成为不争的事实。正是这一时期的人力资本积累,确保了中国制造业的长足发展和劳动密集型经济的国际竞争力的提升。在最近十年来,高等教育的超常规扩张,也对提高劳动者的总体素质发挥了积极的作用。即便一些大学毕业生在短期内面临就业困难,劳动者素质的提升也必将为未来经济结构的全面转型与升级打下人力资源的基础。在中国经济发展面临重要挑战的"十三五"时期,继续保持人力资本积累的趋势,既对经济的持续发展有重要的意义,也面临更加严峻的挑战。

随着综合国力的不断增强、教育公共财政支出的大幅度增加,教育的持续发展已经具备了坚实的物质基础。在顺利完成"普九"以及高等教育扩张之后,在"十三五"期间实现义务教育的延伸是可行的。特别是人口结构的变化使得高中阶段适龄人口的总量在未来会继续维持下降趋势,因而,延伸义务教育并不会对公共财政带来多大的增量压力。

图6展示的是高中适龄人口(15~17岁)占总人口比重的变化情况。2004年高中适龄人口占总人口的比重达到5.8%的顶峰,随后呈逐年下降的

趋势，"十二五"初为4.1%，到"十二五"末将下降到3.8%。在"十三五"期间，虽然该比重的变化将相对平稳，但仍然有逐年的小幅下降，到"十三五"末期将不足3.5%。

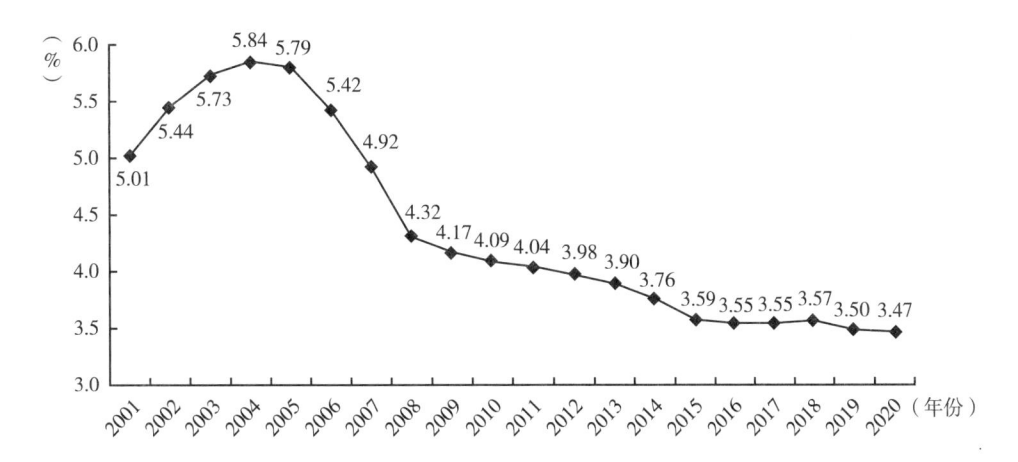

图6　2001～2020年高中适龄人口（15～17岁）占总人口的比重

资料来源：笔者根据人口普查资料计算。

根据人口预测的结果，到"十三五"末期，高中阶段适龄人口的总规模约为4812万人。我们假设"十二五"期间高中教育阶段的学生规模保持在2013年的水平，即4370万人，如果在"十三五"期间逐步推行高中阶段的义务教育，并在"十三五"末期使高中阶段适龄人口的毛入学率达到100%，则整个"十三五"期间新增的高中在校学生数约为442万人。如果对新增高中阶段公共教育投入保持在2012年的水平，即生均公共财政教育事业费投入7776元，则在"十三五"期间实现毛入学率100%的目标，累计所需的公共财政投入约为344亿元（2002年价格）。这意味着，整个"十三五"时期的公共财政投入水平大约相当于2012年国家财政性教育经费投入的1.5%。可见，即便考虑高中义务教育化后需要更多的资源投入，增量也非常有限。

实际上，由于没有将高中教育纳入义务教育体系，高中教育萎缩的情况已经非常明显。这必然造成既有的教育基础设施、师资等教育资源的浪费。

（四）进一步完善劳动力市场制度

自从改革开放以来，中国劳动力市场制度经历了较为剧烈的调整和改革。

1992年中国正式确立了市场经济制度以后，1994年颁布实施的《劳动法》是劳动力市场制度建设中具有里程碑意义的一部法律，标志着在就业决定和工资形成这两个环节正式引入了劳动力市场机制。自20世纪90年代末，一系列劳动力市场规制的措施相继出台，并逐步形成了中国劳动力市场制度的基本框架。"十五"和"十一五"时期是中国劳动力市场制度密集出台的时期，经过"十二五"时期的实践，有必要在"十三五"时期进一步完善这些制度。

总体上看，中国的劳动力市场制度由法律制度和劳动力市场政策两个支柱组成。前者包括在最近十余年相继颁布的与劳动相关的法律、法规；后者则主要是积极的就业政策和其他一些影响劳动力市场结果的政策。从对劳动力市场干预的手段看，根据劳动力市场制度安排的方式不同，司法手段、行政手段和经济手段以不同的方式对市场机制的作用产生影响。在劳动力市场制度框架中，以下几个法律、法规发挥着越来越重要的作用。

《劳动合同法》于2008年1月开始颁布实施，该法为劳动者的利益提供了广泛的保护。与以前的《劳动法》相比较，《劳动合同法》在以下两个方面提出了新的规制，即雇主为工人提供合同的性质以及解雇工人的条件。根据《劳动合同法》的规定，在两个固定期限合同或十年的就业关系后，雇主必须提供无固定期限合同。试用期被限定在1～3个月，对劳务派遣行为也做出了相关的规定，而且新近又做出更为严格的修订，对于解雇的赔偿条件也做出了明确的规定。从总体上看，《劳动合同法》具有明确的就业保护倾向。

《劳动争议调解与仲裁法》同样于2008年1月颁布实施，旨在配合《劳动合同法》执行，改善劳动争议的解决机制。它规定了劳动争议调解、仲裁、受理、听证等的程序和方式。而其突出的特征是降低了劳动者应用司法手段解决劳动争议的难度，从而具有突出的保护劳动者的倾向。

2004年劳动和社会保障部颁布实施了《最低工资条例》。该《条例》规定了最低工资制度实施的条件、定义、最低工资标准形成和调整的原则等。但与其他很多国家的最低工资制度不同，该《条例》并没有规定全国统一的最低工资标准，而将确定最低工资标准的权力赋予地方。伴随着劳动力市场形势的变化，《最低工资条例》越来越成为政府干预市场工资率的一个重要手段，一个突出的特征就是，近年来各地纷纷快速地提高最低工资标准。

《就业促进法》也于2008年1月开始颁布实施，并成为中国政府实施积极的就业政策的法律依据。《就业促进法》明确了各级政府在就业创造、就业服务、职业教育和培训、就业援助、就业监察和监管等方面的责任，同时也明确了反对任何形式的就业歧视、倡导不同群体就业平等的司法取向。

市场经济先行国家由于劳动力市场制度框架比较早地成熟，因此，对劳动力市场制度的度量也已经形成了较为完整的体系。我们可以从就业保护严格程度、产业和集体谈判关系、社会保护的程度等几个维度，衡量劳动力市场制度的严格性。在这几个维度中，就业保护具有核心地位，OECD（2004）提出了度量劳动力市场上就业保护严格性的具体方法。遵循这一方法，我们也可以对中国目前的劳动力市场制度做出相应的评价，并将中国劳动力市场制度的严格性与OECD国家进行比较。具体来说，对劳动力市场制度的严格性包括就业保护、临时合同和集体谈判等三个方面的内容。

对上述三类指标进行加权平均，就可以得到对劳动力市场总体严格性的评估数值。通过借鉴OECD的标准对中国劳动力上的相关规定进行评估，发现从总体上看，现行的劳动力市场制度在就业保护上处于较高的水平。如表4所示，如果以同样的标准评价OECD国家和中国的就业保护严格程度，中国目前的劳动力市场规制的总体严格程度仅仅低于荷兰和比利时，而高于其他所有发达国家的水平。我们在表4中还列出了中国颁布实施《劳动合同法》时OECD国家的人均GDP水平。我们看到，当时发达国家的平均人均GDP水平为33940美元，平均的劳动力市场严格程度为2.34；相形之下，中国当时的人均GDP水平为3271美元，即便以2012年的人均GDP水平，也仅为6100美元，与发达国家仍然有较为明显的差异，但中国劳动力市场严格程度综合评分为3.33。考虑到与发达国家在经济发展阶段上的巨大差异，目前的劳动力市场制度所提供的就业保护水平无疑是相当高的。

在劳动力市场的各项制度安排中，发达国家之间的态度与判断并不一致。这其中，我们需要优先考虑那些在市场经济成熟国家已经取得较大共识的制度安排。例如，各个国家对于就业保护、临时合同的规制程度的分歧较大，但对集体谈判则有相对一致的看法。因此，对这样已经取得共识的制度应积极推进，这有助于我们在制度建设过程中少走弯路。在"十三五"时期借鉴国际经验、寻求劳动力市场安全性与灵活性的统一、完善我们的劳动力市场制度，仍然有很长的路要走。

表4　中国与OECD国家劳动力市场制度严格程度比较

	2008年人均GDP(美元)	劳动力市场严格程度
墨西哥	15267	1.1
挪威	61331	1.1
土耳其	15021	1.5
加拿大	35648	1.5
斯洛伐克	29037	1.6
丹麦	39841	1.7
美国	46690	1.8
爱尔兰	41813	2.0
瑞士	47551	2.0
澳大利亚	39028	2.0
西班牙	33130	2.1
意大利	33372	2.1
奥地利	39784	2.2
日本	33499	2.3
新西兰	28925	2.4
波兰	18025	2.4
德国	37114	2.5
法国	34166	2.7
捷克	25872	2.7
匈牙利	20429	2.8
英国	35877	2.8
芬兰	38080	3.0
韩国	26688	3.0
瑞典	39613	3.0
希腊	29603	3.1
葡萄牙	24938	3.1
荷兰	42929	3.4
比利时	37031	3.5
OECD平均	33940	2.34
中国	3271	3.33

注：人均GDP为当年价格。

资料来源：stats.oecd.org。

五 "十三五"就业发展战略的推进路径

结合劳动力市场在"十二五"期间出现的明显变化,以及中国经济发展进入新常态的事实。"十三五"就业发展规划应该突出抓好以下几个方面的工作。

(一)全面推进就业规划与监测体系改革

以往的五年规划和年度就业监测所一直沿用的指标,已经与市场经济发展的形势、中国劳动力市场的实际运行状况严重脱节。在经济发展进入新常态、劳动力市场运行具有越来越明显的新古典特征的情况下,亟须在"十三五"规划期间对这一领域进行全面系统的改革。

首先,我们建议在"十三五"规划中放弃使用计划经济时期形成并一直沿用至今的规划指标:城镇登记失业率和城镇新增就业人口。在"十三五"规划中,代之以"调查失业率"和"非农总就业人口"作为规划目标。在数据信息获取方式上,改变以往以报表系统为主的模式,代之以抽样调查为主。

其次,在"十三五"期间,建立起完善的就业监测体系,其内容包括就业与失业、工作时间、工资与劳动力成本、劳动力市场供求、企业用工计划等。在"十三五"规划中,对就业与劳动力市场监测体系进行系统设计,整合现有的各种调查资源,统一就业信息的采集和发布,提高监测信息采集和发布的频率,对主要指标按月度公布。

最后,在就业监测中,将农民工系统地纳入监测范围,实现就业与劳动力市场信息采集、发布的一体化。以非农就业作为规划和监测的主要目标,而不以特定群体作为监测对象。

(二)全面推进户籍制度改革

在"十三五"时期,全面、彻底地推进户籍制度,将是提高劳动参与率最有效的手段。根据已有的研究,在劳动力市场自发机制推进的劳动力流动已经非常充分的基础上,进一步促进劳动力要素的再配置将依赖于户籍制度的全面、彻底改革。

改革户籍制度的呼声由来已久，全面深化户籍制度改革已经刻不容缓。不仅是由于户籍制度改革的条件已经成熟，更重要的是，中国经济发展进入了关键阶段，改革的停滞将阻碍我们获取新的增长源泉。

一直以来户籍制度改革都是以地方实践的渐进方式开展的。由于户籍制度的长期存在，已经形成了庞大的利益群体，使得每一步改革都成为利益关系调整的博弈，并直接影响了户籍制度改革的进程。目前，采取顶层设计、全面改革户籍制度的时机已经成熟。

全面推进户籍制度改革的核心与终极目标，是使与户籍相关的社会福利与人口登记功能分离。在"十三五"时期推进户籍制度改革的进程也应该按照这一目标加以设计。十八届五中全会《建议》要求户籍人口城镇化率加快提高，就是为户籍制度改革设定了倒排时间表和倒逼推进机制。

首先，在"十三五"初期实现基本社会保护体系的一体化，完善并统一基本养老制度、基本医疗制度，实现全国范围的统筹，到"十三五"末期实现全国统筹的社会保障制度。

其次，在已经着手实施的"居住证"管理制度的基础上，在"十三五"时期，逐步实现不同地域和规模的城市在户籍管理上的一体化。日前，《居住证管理办法（征求意见稿）》已经向全社会颁发。该办法强调了常住人口与户籍人口在公共服务和社会保障方面的一体化，并提出了居住证管理和积分入户的相关办法。建议在"十三五"规划的具体实施过程中，加快公共服务和社会保护一体化的进程，通过具体的实践措施加快户籍制度改革的步伐。

最后，在"十三五"末期，努力实现户籍制度改革的全面突破，从目前仍然坚持的分类改革的方案，过渡到全面改革。

（三）探索延长义务教育年限

义务教育是国家依法统一实施、所有适龄人口必须接受的教育，具有强制性、免费性和普及性，是教育工作的重中之重。虽然高中阶段的教育在过去十年也有较大的发展，但由于没有纳入义务教育体系，接受高中阶段的教育不具有强制性。因此，在普通工人工资迅速上涨、教育机会成本不断提高的情况下，即便在教育公共财政资源相对宽松的时期，若缺乏明确的制度干预，高中阶段的教育的萎缩也不可避免。从这个意义上说，高中教育义务化既是对"普及高中教育"的战略目标的深化与延伸，也是通过制度建设加强人力资本投资、干预市场失灵的有效手段。

秉承渐进改革的一贯思路，并确保"十三五"期间在义务教育制度的改革与完善上有所突破，义务教育延伸至高中阶段可以遵循以下总体思路。

实现高中阶段的强制教育

义务教育的首要特征就是其强制性。从这个意义上说，制度建设应优先。通过将高中阶段的教育纳入义务教育体系，可以进一步强化国家、学校、家庭与个人在高中教育中的作用，引起全社会对高中阶段教育的关注，遏制高中教育逐年萎缩的局面。同时，将高中教育纳入义务教育的范畴，可以进一步明确各级政府及公共财政在高中教育中应该发挥的作用，更有效地督促各级政府积极地抓好高中教育。

力争到"十三五"末高中毛入学率达100%

2013年，高中阶段毛入学率为86%，其中，普通高中为48%，成人高中、中等职业教育等占38%。由于高中适龄人口正逐年减少，《国家中长期教育改革和发展规划纲要（2010—2020年）》提出的到2020年高中阶段毛入学率90%的战略目标有望在"十二五"末期即告实现。以此为基础，在"十三五"期间高中适龄人口继续减少的情况下，提高五年规划的水平和努力目标，实现高中教育的全面普及是完全可行的。即便假定"十三五"开始时高中在校生人数保持现有水平，则每年增加高中在校生数约88万人（占高中在校生规模的比重不到2%）即可实现高中教育的普及。

增加对高中教育的公共资源投入

在"十三五"期间，适当增加对高中教育的公共财政投入是非常必要的。公共资源的增加可以分步推进。首先，确保全面普及高中教育的资源投入，即实现"十三五"末高中毛入学率达到100%的目标所需的增量公共财政资源。根据前面的静态测算，在"十三五"期间，累计投入344亿元即可实现这一目标。其次，增加高中教育的生均经费投入。目前，由于没有纳入义务教育，高中教育的生均公共资源投入水平甚至低于初中教育。如果静态地计算，在"十三五"初期达到目前初中教育的投入水平，公共财政需要累计增加约158亿元。最后,逐步提高高中教育阶段的公共资源投入水平,确保对高中教育的公共财政投入增长幅度与其他义务教育阶段的公共投入持平。借鉴推进免费九年义务教育的成功经验,从中西部和农村地区开始,逐步推进高中阶段免费义务教育的进程。

整合职业教育与普通教育资源

高中阶段教育的特殊性在于普通高中与中等职业教育混合。在"十二五"期间,国家加大了对职业教育的公共资源投入力度。但资源在不同地区、不同部门和不同类型的学校间分割的现象非常明显。通过高中教育义务化,整合国家对高中阶段的职业教育以及普通高中的教育资源投入,提高资源的使用效率,将有助于推进高中教育义务教育化。

增加普通高中的毛入学率

较之于其他阶段的教育以及中等职业教育的大发展,普通高中在"十一五"后期以及"十二五"期间处于停滞状态。2008年以来普通高中的毛入学率几乎没有增加,近年来甚至出现萎缩的苗头,高中阶段毛入学率的增加主要来自中等职业教育的扩张。实际上,相对于在普通高中实施的通识教育而言,公共资源投资于职业教育面临更多的风险和不确定性,从而容易造成投资的低效甚至失败。首先,职业教育所形成的人力资本较之普通高中具有更大的专用性,从劳动力市场匹配的角度看,人力资本的专用性越强,工人与岗位的匹配难度也越大,造成结构性失业的风险也越高;其次,如前所述,中等收入向高收入过渡必将伴随着经济结构的剧烈变动,相应地,就业的岗位、职业与行业特征都将发生明显的变化。在经济结构变化的方向并不明确的情况下,大力发展职业教育在办学方向、课程设置、招生规模与结构等方面都面临更大的风险;最后,随着产业结构的升级,普通高中与通识教育所积累的一般性知识对于提高工人的创新性会产生更多的帮助,而且会在更长的时期里对人力资本积累产生作用。

因此,我们建议在"十三五"期间将高中阶段教育的增量资源主要配置于普通高中。在目前普通高中毛入学率为48%的基础上,力争到"十三五"末期使普通高中的毛入学率达到60%,并在随后的时间里结合经济发展的实际需要与劳动力市场的变化情况,调整中等职业教育与普通高中的比例关系,逐步增加普通高中的比重。

通过改革职业教育增加通识课程

虽然职业教育的投入有显著增加，但职业教育的效果，尤其是职业教育与劳动力市场是否实现有效联系有待审慎评估。可以预期的是，在"十三五"及其以后的时期内，中国经济将经历较为明显的结构转换。为了降低对职业教育既有投资造成的潜在风险，建议在"十三五"期间加大职业教育的改革力度，尤其是增加职业教育中通识课程的比重，提高接受职业教育的学生学习一般知识的能力。同时，借鉴国际经验，在"十三五"期间逐步调整和规范高中教育的课程设置。

加强城乡统筹促进农村地区的高中教育

随着城镇化的推进，越来越多的农村人口将聚集到城市。由于城乡之间人口转变进程的差异，城市户籍人口中高中适龄人口的下降也更为迅速。深化户籍制度改革、统筹城乡教育资源，将有助于推进高中教育义务化的进程。同时，将高中教育纳入义务教育，也有助于在不同地区之间协调高中教育的责任，从而促进户籍制度改革的深化。

（四）使灵活安全的劳动力市场制度初步定型

十八届三中全会通过的《中共中央关于全面深化改革若干重大问题的决定》提出，到2020年实现各项制度基本定型。因此，"十三五"时期也是劳动力市场制度改革和完善的关键时期。对于中国这样具有发展和转型双重特征的国家而言，制度建设的阶段性特征必须予以考虑。中国正面临着经济发展的刘易斯转折，也就是说，从劳动力无限供给的二元经济社会，向具有新古典特征的市场经济模式转变。相应的，劳动力市场制度的建设也要适应这种转变。

在二元经济时代，由于存在大量的农业剩余劳动力，劳动力无限供给是经济发展中面临的最主要的特征。在这样的发展阶段，经济发展的主要目标是创造尽可能多的就业机会，为农村的剩余劳动力转移创造条件。而劳动力市场政策的主要目标则是最大限度地促进劳动力流动，减少制约劳动力流动的制度性障碍。换言之，在这样的发展阶段，劳动力市场以放松规制为主要取向，制度选择的任务和难度不大。

一旦经济发展越过刘易斯转折点，劳动力市场上的供求力量对比就开始发生根本转变，也就是说，供求双方的力量都对就业关系发生作用，而不像二元经济时代只是需求的单边力量起支配性作用。在这一发展阶段，劳动力市场会随着供求格局的变化产生一系列新现象，劳动力市场的制度选择也变得更加复杂和必要。

第一，劳动力市场制度要致力于保持和谐的劳动关系。在经济发展跨越刘易斯转折点后，劳动力短缺的出现提升了劳动者在供求关系中的谈判地位。同时，不断上升的工资水平（以及工作条件）使工人对雇主的预期不断提升。在这种情况下，一旦实际的劳动力市场结果与工人预期的水平有差距，劳动争议就有可能出现。于是，我们会观察到，伴随着劳动条件的改善和工资水平的上涨，劳动争议的数量不是下降了，而是上升了。从政策制定者的角度而言，应该充分地认识到劳动争议在此时的出现是一种正常、必然的情况。而应对的关键是顺应这种形势的变化，确立相应的制度措施，使劳动争议得到有效的解决。

第二，劳动力市场制度要满足工人不断提升的社会保护需求。在刘易斯阶段，对于从农业中转移出的劳动力而言，他们最迫切的需求是获得就业机会和非农收入。但随着刘易斯转折点的来临，工资水平的不断上扬使得劳动者的需求日益丰富，特别是对社会保护的需求随之上升。在这样的阶段，清晰界定社会保护中企业、政府和社会的责任，将是劳动力市场制度面临的主要挑战之一。

第三，随着经济结构的转变和劳动力市场的转折，农村转移劳动力越来越成为专业的产业工人。这也意味着他们返回农业、农村的可能性也越来越小。对于新生代的农民工更是如此。因此，劳动者所面临的劳动力市场面风险和不确定性，越来越接近于成熟的市场经济国家的情形。特别是随着收入水平的提升，我们不能再寄希望于农业成为最后的安全网，不能希望经济发生波动时以农村劳动力返乡的形式来平抑经济冲击的影响。

第四，人口因素是推动劳动力市场转变的主要动力，因此，目前中国的劳动力市场变化所产生的效应与发生于发达国家的技能偏向型的转变有明显的差别。在欧美等发达经济体，随着劳动力成本的不断上升，经济发展的比较优势越来越转向资本、技术和知识密集型行业，随之出现了所谓技能偏向的技术变迁，这种变化使得劳动力市场对高技能者的需求不断增加，而低技能的普通岗位则增长缓慢。于是，接受过大学教育的劳动者在劳动力市场上更受欢迎：他们的失业率较低，而且有更高的工资水平和更快的工资增长。但目前我国出现的劳动力市场变化主要体现为普通工人工资的上涨，这非但不能对人力资本投资形成激励，还增加了受教育的机会成本，导致基础教育辍学率的增加。在这种情况下，农民工等普通劳动力的短期行为会导致未来熟练工人供给不足，并制约中国由中等收入向高收入迈进。

中国劳动力市场目标模式建设除了要注重考虑刘易斯转折带来的制度需求变化之外，还应该注意中等收入阶段特殊的发展阶段特征所引致的制度需求。毕竟对于一个处于中等收入阶段的经济体而言，向高收入阶段迈进仍然是社会经济发展的主要目标。劳动力市场制度也需要为这一发展目标服务。

最近的劳动力市场变化及经济发展新特点越来越表明，中等收入以后的经济增长制约因素将越来越来自制度是否能刺激生产要素的有效供给，包括劳动力要素的供给。因此，劳动力市场制度设计要更加注意对其劳动供给的影响，鼓励个人积极地参与劳动力市场，同时提高劳动力供给的质量和有效性。因此，对个人人力资本投资的激励、工作时间的激励、劳动参与的激励等都将成为比以前更加重要的政策领域。

一方面，随着劳动力短缺的出现，劳动力投入的数量可能成为经济发展中越来越明显的制约因素。劳动力市场制度要及时调整，刺激有效劳动供给的增加，尽可能延长劳动力的数量优势。特别是从目前的劳动力市场状况看，在劳动力短缺的同时，城镇劳动力市场的参与率却趋于下降。这就意味着，通过政策调整促进就业、增加劳动供给的余地仍然存在。

另一方面，随着劳动密集型产业竞争优势的下降，劳动力市场制度也要着眼于经济结构的调整和升级，注重与人力资本投资制度的衔接，以利于提升劳动者的素质。例如，当普通工人工资上升时，接受教育的机会成本增加，将导致辍学率的上升。从人力资本积累的角度而言，补贴教育的机会成本将有助于降低辍学率，同时，从劳动力市场制度而言，规范用工制度和劳动力市场准入条件，也有利于为未来的经济发展积累人力资本。

（五）对不同群体实施针对性的扩大就业政策

在"十三五"期间，以下几类人群的就业问题值得关注。由于造成他们就业压力的原因各不相同，扩大就业的政策应该具有针对性。

首先，经济结构调整和化解过剩产能的过程中，有可能产生新的就业困难人员。应该综合运用积极和消极的劳动力市场政策，及时应对可能出现的就业冲击。一方面，应该在过剩产能集中的地区，培育新的产业，创造新的就业机会；另一方面，要利用失业保险基金大量结余的优势，夯实对失业者的保障基础。

其次，大学毕业生仍然是就业政策应该关注的特殊群体。一方面，需要结合经济结构调整与产业升级，创造出更多适合大学毕业生的就业岗位；另一方面，需要鼓励大学生创业，通过在全社会营造鼓励创新、保护创新的环境，扶持小微企业的发展，并将大学生创业计划纳入小微企业发展计划。

最后，虽然农民工总体就业形势在"十二五"期间保持稳定，但仍然需要在"十三五"期间关注他们可能面临的就业风险，特别是经济结构调整对农民工就业可能造成的冲击。针对农民工的人力资本水平可能不适应未来产业升级需要的情况，应该深化培训体系的改革，通过培训需求的引导发挥企业在培训中的作用，提高培训的针对性；进一步提高农民工社会保护的水平，增强他们应对劳动力市场负面冲击的能力。

参考文献

［1］都阳、杨翠芬：《高校扩招对中国农村地区高中入学决策的影响》，《劳动经济研究》2014年第2期。

［2］都阳：《劳动力市场制度的国际比较及其对中国的启示》，《劳动经济研究》2014年第5期。

［3］都阳、蔡昉、屈小博、程杰：《延续中国奇迹：从户籍制度改革中收获红利》，《经济研究》2014年第8期。

［4］Yang Du, "Do the Recent Labor Market Changes Negatively Affect Schooling?" *China & World Economy* 21（2），2013．

作者简介

都阳，中国社会科学院人口与劳动经济研究所研究员，教授，博士生导师，劳动与人力资本研究室主任，兼任中国社会科学院人力资源研究中心副主任，《劳动经济研究》副主编。1999 年 7 月毕业于浙江大学，获得博士学位。主要研究领域为劳动经济学、经济增长与发展、人口经济学。曾在《中国社会科学》《经济研究》《世界经济》，以及 Journal of Comparative Economics 等国内外期刊发表论文百余篇。主要著作包括《中国贫困地区农户劳动供给研究》《劳动力流动的政治经济学》《劳动力市场的转型与发育》等。2003 年获第三届胡绳青年学术奖、经济学一等奖。主持国家自然科学基金、国家社会科学基金和福特基金会等资助的多项科研项目。曾先后多次担任世界银行、亚洲开发银行、联合国开发计划署、经济合作与发展组织、国际劳工组织等国际组织项目顾问。享受国务院特殊津贴。

图书在版编目(CIP)数据

"十三五"时期劳动力市场转型对策研究/都阳著.—北京：社会科学文献出版社，2016.1
 ISBN 978 - 7 - 5097 - 8390 - 0

Ⅰ.①十… Ⅱ.①都… Ⅲ.①劳动力市场 - 研究 - 中国 - 2016 ~ 2020　Ⅳ.①F249.212

中国版本图书馆 CIP 数据核字（2015）第 268918 号

"十三五"时期劳动力市场转型对策研究

著　　者 / 都　阳
出 版 人 / 谢寿光
项目统筹 / 恽　薇　陈凤玲
责任编辑 / 陈凤玲　陈　欣　于　飞
出　　版 / 社会科学文献出版社·经济与管理出版分社 (010) 59367226 地址：北京市北三环中路甲 29 号院华龙大厦　邮编：100029 网址：www.ssap.com.cn
发　　行 / 市场营销中心 (010) 59367081　59367090 读者服务中心 (010) 59367028
印　　装 / 三河市东方印刷有限公司
规　　格 / 开　本：787mm × 1092mm　1/16 印　张：2.25　字　数：37 千字
版　　次 / 2016 年 1 月第 1 版　2016 年 1 月第 1 次印刷
书　　号 / ISBN 978 - 7 - 5097 - 8390 - 0
定　　价 / 30.00 元

本书如有破损、缺页、装订错误，请与本社读者服务中心联系更换

▲ 版权所有 翻印必究